Klara Lingvo

a story
by Guy Ottewell

Esperanto translation
by Derek Roff

Copyright © 2022 by Guy Ottewell. All rights reserved. Parts may be reproduced with permission and with acknowledgment.

ISBN 978-0-934546-87-4

Universal Workshop
www.universalworkshop.com
Durham, North Carolina, U.S.A., and Isleworth, Middlesex, England

Preface

I wrote the English version of this story and, being enthusiastic about Esperanto but not well practiced in it, made a first rough translation. The improved Esperanto text is the work of Derek Roff, helped by much discussion with Jack Warren. I also got helpful input from Neal McBurnett, who introduced me to Derek.

It has been a long intricate process, and if any errors survive they are due to my final preparation of the text.

Derek lives near Santa Fe, New Mexico, is retired from the Language Learning Center at the University of New Mexico, and is on the board of the Esperantic Studies Foundation.

Jack lives in Middlesbrough, northeast England, and has spent a lifetime in language teaching and translation. He is in charge of the annual summer course held at the British Esperanto Centre in Barlaston, England.

Neal and I share passions for everything from astronomy to voting methods to history and language. He introduced risk-limiting election audits to Colorado.

In the course of our discussion, I learned much about the nuances of Esperanto. Some of the direct speech of Klara and Fred, though correct, retains traces of my first draft and is not quite what a really fluent Esperantist would say; and this is realistic because they are learners. For the language is, like English, not mechanical but rich in alternative ways of saying things.

– Guy

Klara

A train came to a stop beside the platform at Harper's Ferry. The doors opened, people poured out, and one stumbled down onto the platform, so uncertainly that it seemed she had been pushed out. The others made for the exit; she stood where she was, while people boarding the train brushed past on either side of her. The train pulled away, and she stood there, sobbing.

She was a short girl, with golden skin and deeply black hair in ringlets. She carried nothing in her hands. A lady came past her, thought of asking her what was the matter, but felt a twinge of envy of the girl's unblemished face, and walked on. Only a few others were still on the platform. A man carrying a briefcase halted long enough to say: "Can I help?"

She replied with a burst of nonsense syllables. Taking her for a drunken street woman, he resumed his stride.

Lingvo

Trajno haltis apud la kajo de Harper's Ferry. La pordoj malfermiĝis, personoj elfluis, kaj unu faletis suben sur la kajon, tiel necerte ke ŝi ŝajnis esti puŝita. La aliaj direktis sin al la elirejo; ŝi staris tie, kie ŝi estis, dum homoj enirante la trajnon sin ŝovis preter ŝi ambaŭflanke. La trajno foriris, kaj ŝi staradis tie, plorante.

Ŝi estis malalta junulino, kun ora haŭto kaj profunde nigraj bukloj. Ŝi portis nenion en siaj manoj. Sinjorino marŝis preter ŝi, kaj dummomente pripensis, ĉu pridemandi ŝin pri la problemo. Sed ŝi sentis iom da envio pri la senmakula vizaĝo de la junulino, kaj paŝis for. Nur kelkaj aliaj estis ankoraŭ sur la kajo. Viro portante tekon haltis sufiĉe longe por diri: "Ĉu mi povas helpi?"

Ŝi respondis per lavango de sensencaj silaboj. Li supozis, ke ŝi estas ebria stratvirino, kaj rekomencis sian marŝadon.

But then he reflected— the delayed image of her seemed to hang in front of him—that she was well-dressed. And pretty. He glanced around, turned back to her and tried again. For a moment she didn't try to reply, then again: a burst of something that wasn't English.

The last person on the way to the gate, wearing jeans and a baseball cap over a ponytail, had noticed, and he stopped and conferred with the businessman. They went into the small station building, where only one door was still open and the stationmaster was closing up his office. They told him that there was a young woman in his station who seemed to be lost and that perhaps something should be done. The stationmaster sighed and telephoned the police. While waiting, the three men went back out and stood near the girl, talking with each other and only occasionally venturing another question to her.

"What's this language she's jabbering?" said the stationmaster. "Sounds like ranto-panto-banto."

"No idea. The Gypsy language, maybe — Romany," said the businessman.

"I heard 'Klara'— she must have meant that's her name," said the younger man.

They tried asking her whether "Klara" was her name. She looked slightly hopeful and made a nod during her reply, which included something that sounded like "Klara Lingvo."

"Lingvo," said the businessman, "Swedish sort of name, maybe? But she doesn't look Swedish."

"Tibetan, if you ask me," said Alan, the young man. "Should we get her to sit down and have some coffee?"

"The coffee machine is off now," said the stationmaster, who had locked the door and wanted to go home.

"It isn't Italian," said the businessman, "I remember a few words of that. Ciao. Dove? See, it doesn't register. Maybe it's Romanian. Do you know anyone here who knows Romanian, Alan?"

"No," said Alan, "but you know that character that's living in that cottage out on the Heights Road that belongs to the university— what's his name?— researching languages?"

Sed poste li pensis— la pli frua bildo de ŝi ŝajnis pendi antaŭ li— ke ŝi estas bone vestita. Kaj bela. Li ĉirkaŭrigardis, revenis al ŝi, kaj provis denove. Dum momento ŝi ne provis respondi. Poste, refoje: lavango de io, kio ne estis la angla.

La lasta persono sur la vojo al la pordego, portante ĝinzon kaj bazopilkan ĉapon super harvosto, rimarkis, kaj li haltis kaj interparolis kun la komercisto. Ili iris en la malgrandan stacidomon, kie nur unu pordo estis ankoraŭ malfermita kaj la estro de stacidomo fermis sian oficejon. Ili diris al li ke estas jurulino en lia stacio, kiu ŝajnis esti perdita kaj ke eble iu devus fari ion. La staciestro suspiris kaj telefonis la policon. Atendante, la tri viroj reiris eksteren kaj staris apud la knabino, parolante unu al la aliaj, kaj nur malofte ili provis alian demandon al ŝi.

"Per kiu lingvo ŝi babilas?" diris la staciestro. "Sonas kiel ranto-panto-banto."

"Neniu scias. La cigana lingvo, eble— la romaa," diris la komercisto.

"Mi aŭdis 'Klara'— supozeble tio estas ŝia nomo," diris la juna viro.

Ili provis demandi ŝin, ĉu "Klara" estis ŝia nomo. Ŝi rigardis ilin iomete esperplene kaj kapsignis dum sia respondo, kiu inkluzivis sonojn kiel "Klara Lingvo."

"Lingvo," diris la komercisto, "sveda nomo, eble? Sed ŝi ne aspektas svede."

"La tibeta, laŭ mi," diris Alan, la junulo. "Ĉu ni invitu ŝin sidiĝi kaj trinki kafon?"

"La kafo-maŝinon oni jam elŝaltis," diris la staciestro, kiu ŝlosis la pordon kaj volis iri hejmen.

"Ne estas la itala," diris la komercisto, "Mi memoras kelkajn vortojn de tio. 'Ciao.' 'Dove?' Vidu, ŝi ne reagas. Eble estas la rumana. Ĉu vi konas iun ĉi tie, kiu scipovas la rumanan, Alan?"

"Ne," diris Alan, "sed tiu ulo, kiu luas tiun dometon sur Alta Strato, kiu apartenas al la universitato— kio estas lia nomo?— enketas pri lingvoj?"

"I know the place you mean— wanted to acquire it myself, for a holiday cabin, thought it'd be easy because I play golf with Simon, the academic dean. But they keep it for graduate students. Don't know who's there now."

"He's Fred something. Someone told me he knows eight languages, seven of them dead."

"Well, maybe he knows Romanian. Give him a call."

"I don't have his number— don't really know the fellow. But I suppose I could drive up there."

"Okay, why don't you?" So Alan went out into the car park. Just after he'd gone, Gilbert (the businessman) realized it would have been a better idea to go himself; then, if he failed to find this Fred at home in the cabin, he'd have been able to go home himself and be rid of the situation. He stepped to the gate and looked out. But the car park was now deserted: no moving figures, a few empty cars and vans. He had to go back and make small talk with the stationmaster.

At last the police chief arrived, and they greeted him with relief— "What's been keeping ya, J.B.?" The facts, few in number, were explained to him: there was a young woman who appeared to be a lost foreigner and not a homeless bum and so something perhaps ought to be done. He agreed, sort of. (What he was thinking was that he was not familiar with any guidelines that might cover such a case.)

He guided the girl to his car, held a door open and made her get in. Gilbert and Norman (the stationmaster) got into their own cars and they, too, left the scene.

J.B. drove in silence to his police station. It was not far away, next to the historic building called the Armory. As everyone knows, the most famous person ever arrested in Harper's Ferry was another J.B.— John Brown— who tried to start a slave rebellion by capturing this Armory in 1859.

J.B.'s office assistant was still at work, but neither he nor she had more success than the others in understanding Klara. She accepted a paper cup containing coffee, but was unable to answer as to whether she wanted creamer and sweetener, and after touching

"Mi konas la lokon, kiun vi celas— mi volis akiri ĝin mem, por feria kabano. Mi supozis, ke la aĉeto estos facila, ĉar mi golfludas kun Simono, la akademia dekano. Sed ili konservas ĝin por post-diplomaj studentoj. Mi ne scias, kiu estas tie nun. "

"Li estas Fred…io. Iuj diris al mi, ke li scipovas ok lingvojn, sep el ili mortaj."

"Nu, eble li scipovas la rumanan. Voku lin."

"Mi ne havas lian numeron— mi ne vere konas la ulon. Sed mi supozas ke mi povus veturi tien."

"Bone, kial ne?" Do Alan eliris al la parkejo. Nur post lia foriro, Gilbert (la komercisto) rimarkis ke estus pli bona ideo iri mem; tiam, se li ne sukcesus trovi tiun Fred hejme en la kabano, li povus mem iri hejmen kaj eliri la situacion. Li paŝis al la pordo kaj rigardis eksteren. Sed la parkejo estis nun senhoma: neniu moviĝis, staris kelkaj malplenaj aŭtoj kaj kamionetoj. Li devis reiri en la stacidomon kaj babili kun la staciestro.

Fine alveris la policestro, kaj ili salutis lin kun sento de senŝarĝiĝo— "Kio fortenis vin, J.B.?" Ili klarigis la malmultajn faktojn al li; estis juna virino, kiu ŝajnis esti perdita fremdulo, kaj ne senhejmulo, do eble oni devus fari ion. Li konsentis, provizore. (Lia vera penso estis pri la manko de ajna gvidlinio rilate al tia situacio.)

Li gvidis la knabinon al sia aŭto, tenis pordon malfermita kaj igis la knabinon eniri. Gilbert kaj Norman (la estro de la stacido-mo) eniris siajn aŭtojn kaj ili ankaŭ forlasis la lokon.

J.B. veturis en silento al lia policejo. Ne estis tre malproksime, apud la historia konstruaĵo nomata "La Armilejo." Kiel ĉiuj scias, la plej fama persono iam arestita en Harper's Ferry estis John Brown, kiu provis lanĉi sklavo-ribelon kaptante tiun Armilejon en 1859.

La oficeja asistanto ankoraŭ laboris, sed nek li nek ŝi pli bone sukcesis kompreni Klaran ol la aliaj. Ŝi akceptis paperan tason da kafo, sed estis nekapabla respondi, ĉu ŝi volas lakton kaj sukeron

her lips to the coffee she neglected it. She had calmed, perhaps out of hopelessness; once she stood up suddenly as if to run out, but where would she go?

She sat on a couch, with a blank face that presumably expressed resignation. J.B. was making a call to the county sheriff, then looking at his watch while waiting for the sheriff to call back with instructions.

Fred arrived at the door. "Did you send for me?" he said. He was a somewhat disheveled fellow of about thirty.

"No."

"I was told you wanted my help with someone who speaks Romanian."

Alan, who had brought him, stood inside the door for a while to see what would happen, and left when it became less interesting to him than the idea of a pizza.

"Oh, yes," said the policeman. "You know Romanian?"

"Not really, only a smattering. My dissertation will be on ecclesiastical documents in the Vlach dialects of the western Balkans."

"Okay, you can try talking with her."

"Has she had anything to eat?"

"No— I don't know," said J.B., surprised by the question. Was it a reproach, did Fred think the police ought to have served supper to this vagrant? Fred did perhaps think that, but he had thought of the question because he had been brought away from cooking his own supper.

He sat down awkwardly beside Klara, and prepared to ask her what had happened to her. He planned to try several Romance languages, in order from left to right on the map: Spanish, Italian, a Vlach dialect, and whatever standard Romanian he could manage— but he didn't need to try all the short sentences he had thought of. She listened to only the first half of the first one, and interrupted with an anxious outburst in this other strange Romance language of her own.

When she paused for breath, Fred turned to the policeman and said:

en ĝi. Tuŝinte la lipojn al la kafo, ŝi neglektis ĝin. Ŝi trankviliĝis, eble pro senespero; unufoje ŝi leviĝis subite kvazaŭ por forkuri, sed kien ŝi irus?

Ŝi sidis sur la kanapo, kun malplena vizaĝo, kiu supozeble esprimis rezignadon. J.B. telefonis al la kantona ŝerifo, kaj poste rigardadis sian horloĝon atendante ke la ŝerifo revoku lin kun instrukcioj.

Fred alvenis al la pordo. "Ĉu vi min venigis?" li diris. Li estis iom malordigita ulo de ĉirkaŭ tridek jaroj.

"Ne."

"Oni diris ke vi volis mian helpon pri iu, kiu parolas la rumanan."

Alan, kiu alveturigis lin, staris apud la pordo dum momento, por vidi kio okazos, kaj foriris kiam la situacio fariĝis malpli interesa por li ol la ideo de pico.

"Ho, jes, diris la policano. "Ĉu vi konas la rumanan?"

"Ne vere, nur iomete. Mia disertacio estos pri ekleziaj dokumentoj en la valaĥaj dialektoj de okcidenta Balkanujo."

"Bone, vi povas provi paroli kun ŝi."

"Ĉu ŝi havis ion por manĝi?"

"Ne— mi ne scias," diris J.B., surprizita je la demando. Ĉu Fred kritikis? Ĉu li supozis ke la polico devus doni vespermanĝon al ĉiu vaganto? Fred kredeble opiniis tiel, sed li pensis pri la demando, ĉar oni vokis lin for de lia propra vespermanĝo.

Li singene sidiĝis apud Klara, pretigis sin por demandi ŝin pri kio okazis al ŝi. Li planis provi plurajn latinidajn lingvojn, de maldekstre dekstren laŭ la mapo: la hispana, la itala, la valaĥa, kaj kion li povis memori de la norma rumana— sed li ne devis provi ĉiujn el la mallongaj frazoj, kiujn li planis. Ŝi aŭskultis nur duonon de la unua, kaj interrompis lin per maltrankvila eksplodo de sia propra, stranga, latinida lingvo.

Kiam ŝi paŭzis por spiri, Fred turnis sin al la policano kaj diris:

"It isn't Romanian, but I have an idea of what it just possibly may be."

"So you understand it?"

"Almost."

"What d'you mean, almost?"

"Well, I don't understand it all." He wanted to say that it was like seeing things through a misty window and being ready to wipe the mist away, but similes and metaphors might not help in talking with a policeman. He said: "It's one of the languages I haven't ever dabbled in."

"Must really be a rare one!"

"Tell you what, I should go away and learn as much as I can and come back and try a bit of it on her. Then we'll know whether I'm right."

"Okay, I suppose. How soon will that be?"

"You'd better give me till next Monday."

"Sorry, buddy. I thought you were going to say eight o'clock. We can't keep her here. The county sheriff passed the matter to the state headquarters, and the deputy superintendent says she'll have to be moved to the state detention center tomorrow."

"That's no time at all! I'll have to study all night."

"You'd better be here first thing— that is, eight in the morning— because the chief of Field Services might be."

"And so— hang on— supposing I've managed to learn enough of the language, I may not have even two minutes to ask whether it is the language. When's the latest I could come back today?"

"Seven thirty. After that we'll be locking up and on call."

Without wasting another second, Fred hurried out, and got to the library three minutes before it closed.

He was back longer after seven than he would have liked. The book he had checked out of the library was small enough to fit into his jacket pocket. He asked to be left alone with Klara.

"Why?" demanded police chief J.B. "Why can't you talk with her here?"

"Ĝi ne estas la rumana, sed mi havas ideon pri kio ĝi eble estas."

"Do, vi komprenas ĝin?"

"Preskaŭ."

"Kion vi volas diri per 'preskaŭ'?"

"Nu, mi ne komprenas ĉion." Li volis diri ke estis kvazaŭ vidi aferojn tra nebula fenestro, preta por viŝi la nebulon for. Sed metaforoj kaj figuroj eble ne helpus en parolo kun policano. Li diris: "Ĝi estas unu el la lingvoj, kiujn mi neniam ekprovis."

"Tio devas esti vera maloftaĵo!"

"Mi devus foriri kaj lerni tiom, kiom mi povos kaj mi revenos kaj provos iom paroli al ŝi. Tiam ni scios, ĉu mi pravas."

"Bone, mi supozas. Kiel rapide vi revenos?"

"Plej bone, ĝis la proksima lundo."

"Pardonu, amiko. Mi supozis, ke vi diros 'ĝis la oka.' Ni ne povas teni ŝin tie. La kantona ŝerifo transdonis la aferon al la ŝtata sidejo, kaj la vicinspektoro diris ke ŝi devos moviĝi al la ŝtata arestejo morgaŭ."

"Tio estas neniu tempo! Mi devos studi dum la tuta nokto."

"Vi revenu tre frue— je la oka matene— ĉar la estro de Distancaj Servoj eble ĉeestos."

"Kaj tial— atendu— se mi ja sukcesos lerni sufiĉe de la lingvo, mi eble ne havos eĉ du minutojn por demandi ĉu ĝi estas la lingvo. Kiam mi laste povus reveni hodiaŭ?"

"Je la sepa kaj duono. Poste ni ŝlosos la stacion, kaj respondos nur al radio."

Sen perdi alian sekundon, Fred forrapidis, kaj alvenis al la biblioteko tri minutojn antaŭ ol ĝi fermiĝis.

Li revenis pli longe post la sepa ol li preferus. La libro, kiun li pruntis de la biblioteko estis sufiĉe malgranda por eniri lian poŝon. Li petis esti sola kun Klara.

"Kial?" demandis policestro J.B. "Kial vi ne povas paroli kun ŝi ĉi tie?"

Fred thought of saying that she might have a personal story to tell and might be more comfortable telling it to one person.

But he said: "Oh, just so that I can concentrate better. I've had less than an hour, you know, I've got to try to remember what I've tried to memorize."

J.B. glanced at his assistant, Nora, as if for advice on the irregular request, and she gave it in the form of a smile and nod, as if to say: "He's an innocent." J.B. opened a steel door and ushered Fred and Klara into a small room.

It was such a tightly arranged room that it reminded Fred of a sleeper compartment in a train. Into it were crowded bunk beds, one above the other, a washbasin, a toilet, shelves, one stool; there was a barred window. It was the cell.

J.B. didn't go so far as to close the heavy steel door, but left it an inch ajar, in case Fred or the girl had claustrophobia. Fred sat down alongside Klara on the lower bunk bed. He had to bend slightly to get his head under the upper bunk bed.

She had sunk deeper into despondency. Fred laboriously brought out a sentence.

She raised her chin, and her face brightened.

The sentence he had managed to say was: "Tell me your story."

She stared in front of her briefly, then began. She, too, at first spoke slowly, but soon Fred had to say: "Please, slow."

"You can call me Klara if you like," she said. "It's not very different from my name, which is Kalaringavamdili."

"Kalaringaya…"

"We have long names in our country."

"And what country?"

"A small country called Flentavi. It's an island. You don't know where it is."

"I know. In the Pacific."

"In the what?"

"The ocean."

"Yes, it's a thousand kilometers from Tahiti."

"And all speak the klara lingvo, the Clear Language?"

"No, no!" said Kala, laughing. "I am the only one who can

Fred pripensis diri ke ŝi havas personan historion por rakonti kaj povus esti pli komforta rakonti ĝin al unu persono.

Sed li diris: "Ho, nur por ke mi povu koncentriĝi pli bone. Mi havis malpli ol unu horo, ĉu ne? Mi devas provi memori tion, kion mi provis parkerigi."

J.B. ekrigardis sian asistanton, Nora, kvazaŭ por konsilo rilate al la malregula peto, kaj ŝi kapjesis kun rideto, kvazaŭ dirante: "Li estas naivulo." J.B. malfermis ŝtalan pordon kaj enkondukis Fred kaj Klaran en malgrandan ĉambron.

Estis tiel strikta ĉambro, ke ĝi memorigis Fred pri dormokupeo en trajno. Oni enŝovis du litojn, unu super la alia, troviĝis lavujo, necesejo, bretoj, unu tabureto; estis barita fenestro. Ĝi estis ĉelo.

J.B. ne tute plenfermis la pezan ŝtalan pordon, sed lasis spacon de tri centimetroj, okaze ke Fred aŭ la knabino spertus klostrofobion. Fred sidiĝis apud Klara sur la malsupra lito. Li devis klini sin iomete por teni sian kapon sub la supra lito.

Ŝi jam profunde endeprimiĝis. Fred pene elbuŝigis frazon.

Ŝi levis la mentonon, kaj ŝia vizaĝo heliĝis.

La frazo, kiun li sukcesis diri estis: "Diru al mi vian historion."

Ŝi mallonge fiksrigardis antaŭ si, kaj komencis paroli. Ankaŭ ŝi komence parolis malrapide, sed baldaŭ Fred devis diri, "Malpli rapide, mi petas."

"Vi povas nomi min Klara se vi deziras," ŝi diris. "Ĝi ne estas tre malsama al mia nomo, kiu estas Kalaringavamdili."

"Kalaringaya…"

"Ni havas longajn nomojn en nia lando."

"Kaj kiu lando ĝi estas?"

"Eta lando nomita Flentavi Flentavi. Ĝi estas insulo. Vi ne scias, kie ĝi estas."

"Mi ja scias. En la Pacifiko."

"En la kio?"

"La oceano."

"Jes, ĝi estas mil kilometrojn for de Tahitio."

"Kaj ĉiuj parolas la Klaran Lingvon?"

"Ne, ne!" diris Klara, ridante. "Mi estas la sola, kiu povas

speak that. We have our own language— But, this language that we're speaking, how did you learn that?"

Fred showed her the small book.

"And when did you learn it?"

"Say again," said Fred. He had not quite mastered the who-what-why-when words.

"At what time did you learn the language?"

"Here. Today."

"You learned it since I saw you last? You are so clever!" and she impulsively gave him a kiss.

And immediately pulled herself away from him in demure confusion. Fred blushed. They heard what could be a giggle, and hoped that the policeman and his assistant were not looking through squint-holes into the cell.

"Well," he muttered modestly, "it has only sixteen rules."

"But you speak it strangely!" she said.

Fred could have said "No, it is you who speak it strangely." He already knew enough to know that she had the words right, but some of the sounds wrong. He would find out later why that happened. He changed the subject. "And no one else in Feltawi –"

"Flentavi."

" –speaks this language but you?"

" We have our own language, and all of us speak only our own language, or all but a few. And we have our own customs, and according to one of our customs I was betrothed soon after I was born. I was betrothed –"

Nora had come in and was gently taking the girl's elbow. "It's half past eight," she said, "and we do have to close. I'm afraid she will have to spend the night in this cell."

Fred needed to say "Goodbye for now" to Kalaringavamdili, but he didn't yet know those words. Nor did he know the last word she had used, which he later found by looking it up.

"Did you find out all about her?" asked Nora.

"No."

"You found out nothing?" asked J.B.

"Very little."

paroli tiel. Ni havas nian propran lingvon— sed tiu lingvo, kiun ni parolas, kiel vi lernis tion?"

Fred montris al ŝi la malgrandan libron.

"Kaj kiam vi lernis ĝin?"

"Diru denove," diris Fred. Li ne tute regis la kiu-kia-kial-kiam-vortojn.

"En kiu momento vi lernis la lingvon?"

"Ĉi tie. Hodiaŭ."

"Vi lernis ĝin ekde kiam mi lastfoje vidis vin? Vi estas tre lerta!" kaj ŝi spontane kisis lin.

Kaj tuj tiris sin for de li en sinĝena konfuzo. Fred ruĝiĝis. Ili aŭdis eblan subridon, kaj esperis ke la policano kaj lia asistanto ne rigardis ilin tra la gvatruetoj en la muro.

"Nu," li murmuris modeste, "ĝi havas nur dek ses regulojn."

"Sed vi parolas strange!" ŝi diris.

Fred povus diri "Ne, estas vi, kiu parolas strange." Li jam sciis sufiĉe por scii ke ŝi konis la vortojn, sed pri kelkaj sonoj eraris. Li eltrovos poste kial tio okazis. Li ŝanĝis la temon. "Kaj neniu alia en Feltawi –"

"Flentavi."

" –parolas tiun lingvon krom vi?"

"Ni havas nian propran lingvon, kaj ni ĉiuj parolas nur nian propran lingvon, aŭ ĉiuj krom malmultaj. Kaj ni havas niajn proprajn kutimojn, kaj laŭ unu tia kutimo, mi fariĝis fianĉino baldaŭ post mia naskiĝo. Mi fianĉiniĝis –"

Nora eniris kaj milde prenis kubuton de la knabino. "Estas duono post la oka," ŝi diris, "kaj ni devas fermi. Mi bedaŭras ke ŝi devos tranokti en tiu ĉelo."

Fred volis diri "Adiaŭ por nun" al Kalaringavamdili, sed li ankoraŭ ne konis tiujn vortojn. Li ankaŭ ne konis la lastan vorton, ŝian laste uzitan vorton, kiun li poste trovis en vortaro.

"Ĉu vi eltrovis ĉion pri ŝi?" demandis Nora.

"Ne."

"Vi eltrovis nenion?" demandis J.B.

"Malmulton."

By now it was dark outside. Fred set out to walk the three miles up to his cabin. He had once had a car, but it had rusted until it failed its road test, and brought him seventy dollars for scrap metal. He had most of the documents he needed for his research— copies of the charters of medieval monasteries, in Glagolitic script— at his cabin. Now at the few times when he needed to get to the university he got there by hitchhiking.

Looking sleepy, Fred arrived back at the police station in the morning as soon as he could, which was six minutes past eight. A car was driving away, and he said to himself "I hope they haven't taken her away already." He walked in, and was informed that they had.

It was the police chief who informed him, brusquely, and then got on with other business. It was the assistant, Nora, who came out of her office and told Fred some more.

"They've had to take her to Charleston, to get the deportation process started."

"Deportation! But they don't know where she comes from!"

"I expect they'll put her back across the border into Mexico."

"She doesn't come from Mexico!"

"No, she's most likely a migrant who's come through Mexico."

"But she doesn't know any Spanish, I tried it on her."

"She'll be from some tribe, in Guatemala or Brazil or somewhere. Say, do you know where she comes from?"

"Yes— no, I was just on the point of finding out."

"You did find what her language is, didn't you?" said assistant Nora. She gazed at graduate student Fred, then reached into a drawer and held out a document.

"This is Form 113-C."

"What's that?"

"If I get J.B. to sign it, it'll make you a special temporary investigator."

Fred caught the Greyhound bus to Charleston. He found his way to the state police headquarters, and found a window at which he

Jam mallumiĝis ekstere. Fred komencis promenadi la kvin kilometrojn al sia kabano. Li iam havis aŭton, sed ĝi jam rustiĝis ĝis malsukceso ĉe la motorprovo kaj ĝi venigis al li sepdek dolarojn por metalrubo. Li havis la plejmulton de la dokumentoj, kiujn li bezonis por sia esplorado— kopiojn de la ĉartoj de mezepokaj monaĥejoj, en glagolika manuskripto— en sia kabano. Nun, kiam li malofte devis atingi la universitaton, li petveturis.

Kun dormema mieno, Fred revenis al la policejo kiom eble plej frue matene, je ses minutoj post la oka. Aŭto forveturis, kaj li diris al si, "Mi esperas ke ili ne jam forveturigis ŝin." Li eniris, kaj konstatis, ke ili ja faris tion.

Estis la policestro kiu informis lin, malatente kaj tiam turnis sin al aliaj taskoj. La asistanto, Nora, elvenis el sia oficejo kaj rakontis al Fred ion pli.

"Ili devis porti ŝin al Ĉarlstono, por komenci la ellandigan procezon."

"Ellandigon! Sed ili ne scias, de kie ŝi devenas!"

"Mi supozas, ke ili irigos ŝin reen trans la landlimon en Meksikon."

"Ŝi ne venas el Meksiko!"

"Ne, ŝi estas plej verŝajne migranto, kiu venis tra Meksiko."

"Sed ŝi ne scipovas la hispanan, mi provis ĝin kun ŝi."

"Ŝi verŝajne estas el iu tribo, en Gvatemalo aŭ Brazilo aŭ ie. Diru, ĉu vi scias ŝian devenon?"

"Jes— ne, mi estis nur sur la sojlo de ekscii."

"Vi ja eltrovis ŝian lingvon, ĉu ne?" diris asistanto Nora. Ŝi rigardis la studanton Fred, metis la manon en tirkeston, kaj etendis al li dokumenton.

"Jen Formularo 113-C."

"Kio estas tio?"

"Se mi akiros la subskribon de J.B., ĝi farigos vin speciala provizora enketisto."

Fred trafis la rapidbuson "Greyhound" al Ĉarlstono. Li trovis la vojon al la sidejo de la ŝtata polico kaj trovis giĉeton, je kiu li

could present his Form 113-C. A clerk took it away. Fred waited on a bench. One of the notices on a board opposite to him was about a lost parrot:

"Does not know English, but will respond when spoken to in Malay."

After eighty-nine minutes, the clerk came past and Fred jumped up to intercept him. The clerk was able to inform Special Investigator Fred that the person mentioned in box 5-iii was now at the Pittsburgh airport, perhaps aboard a plane.

In Terminal One, Fred was told which shuttle bus he had to take in order to get to Terminal Three. He got lost on the way to the Departures area, hurried along glass-and-plastic corridors and back along some of the same corridors or different ones, suspected that he was on the wrong level, found an escalator but it was going upward, found and descended two stairways, entered a corridor even vaster than the others. Along one side of it was a moving walkway, so he chose to step onto that in order to get to the other end of the corridor faster. As the moving walkway carried him past a window, he had a glimpse of the tarmac outside.

The glimpse made him turn around and try to run back. Against him came a line of people standing, all with wheeled luggage and some with baby carriages, and another line of people striding at enhanced speed. Those who saw him coming gave him looks of hostile amazement; those who did not, he dodged or collided with. He managed to get back level— for a few seconds— with the window, which was partly open. He yelled:

"Kala— Klara— Kalaringavamdili!" (His brain really was good at languages. It had seemed not to capture her name when she told it to him, but it had.)

He had to keep running to stay on the spot; a traffic jam of people piled up against him, some swearing; one tried to seize Fred by the collar and turn him around, but lost his footing and was carried away in a sitting position among the heels of others.

The small figure out on the tarmac, now more distant, struggled to turn between the two burly figures holding her arms, and shrieked:

rajtis prezenti sian Formularon 113-C. Komizo forportis ĝin. Fred atendis sur benko. Afiŝo sur tabulo kontraŭ li temis pri perdita papago:

"Ne scipovas la anglan, sed respondos se alparolata en la malaja."

Post okdek naŭ minutoj, la komizo preterpasis, kaj Fred eksaltis por kapti lin. La komizo povis informi Specialan Enketiston Fred, ke la persono menciita en kampo 5-iii estas nun ĉe la pitsburga flughaveno, eble sur aviadilo.

En Terminalo Unu, oni direktis Fred al la navedo por Terminalo Tri. Li perdiĝis survoje al la Forirejo, rapidis laŭ vitro-kaj-plastaj koridoroj, kaj reen laŭ iuj el la samaj koridoroj, aŭ malsamaj, suspektis, ke li estas sur la malĝusta nivelo, trovis rulŝtuparon, sed supreniran, trovis kaj malsupreniris du ŝtuparojn, kaj eniris koridoron eĉ pli vastan ol la aliaj. Laŭ unu flanko de ĝi estis rulanta paŝejo, do li elektis paŝi sur tiu, por atingi la alian finon de la koridoro pli rapide. Dum la rulanta paŝejo portis lin preter fenestro, li ekvidis la asfalton ekstere.

La ekvido igis lin turni sin kaj provi kuri reen. Kontraŭ li venis vico de homoj starantaj, ĉiuj kun radhavaj valizoj kaj iuj kun infanĉaretoj, kaj alia vico de personoj paŝantaj je altigita rapideco. Tiuj, kiuj vidis lin alveni, mienis per malamika miro; iujn el la ceteraj li evitis, kun aliaj li karambolis. Li sukcesis reatingi— dum kelkaj sekundoj— la fenestron, kiu estis parte malfermita. Li kriis:

"Kala— Klara— Kalaringavamdili!" (Lia cerbo vere bonis pri lingvoj. Ĝi ŝajnis ne kapti ŝian nomon kiam ŝi rakontis al li, sed li rememoris.)

Li devis daŭre kuri por resti surloke; trafikŝtopiĝo de homoj amasiĝis kontraŭ li, iuj sakris; unu provis kapti Fred je la kolumo kaj turni lin reen, sed perdis sian piedtenon kaj ruliĝis for en sidanta pozicio, inter la kalkanoj de aliuloj.

La eta persono sur la asfalto, nun pli malproksima, baraktis por turni sin inter la du dikaj figuroj tenante ŝiajn brakojn kaj kriis:

"Tetutulkaravamjuftuli!"

Fred heard this, or something like it, as he was borne away out of sight of her; had no idea what it meant.

He abandoned the struggle against the moving crowd, joined the line of those walking at enhanced speed, didn't just walk but ran, so that when he came off the moving surface onto the stationary surface he seemed to stick to it, and stumbled; an elderly lady helped him to his feet, unnecessarily, but he had to take time to thank her. He ran about, looking for some other way out toward the tarmac. Ah, to his left, a glass-and-plastic corridor that turned two right angles. As he rounded the second of them, he was met and stopped by two uniformed figures— different ones from those he had glimpsed, but not different enough. They turned him around, marched him back along this corridor and several others, and hustled him into a small room. Refusing to explain, they searched him, then strip-searched him.

"What d'you imagine I'm smuggling?" he asked with desperate impudence.

"You are associated with the person who spoke to you?" the senior detective asked.

"The person who yelled to you from Access Route 9," added the other detective, in case anybody else had spoken to Fred.

"I'm not associated with her. I have not passed anything to her, and she has not passed anything to me, as you have seen. I merely happen to be the only person who knows where she comes from."

"And how do you happen to know that?"

"She was lost— at a railway station— and nobody could understand the language she was speaking."

"But you could?"

"Yes."

"What language was she speaking?"

"Esperanto."

"Don't try to be funny with us. What language was she speaking?"

"Esperanto."

"Is that a language? Where does it come from?"

"Tetutulkaravamjuftuli!"

Fred aŭdis tion, aŭ ion similan, dum la amaso portis lin for de la eblo vidi ŝin; li nenion komprenis pri la signifo.

Li rezignis pri la lukto kontraŭ la moviĝanta homamaso, aliĝis al la vico de la rapidpromenantoj, kaj ne nur marŝis sed kuris, tiel ke je la fino de la rulanta paŝejo, la senmova surfaco ŝajnis fiksi lin al si. Li stumblis; maljunulino helpis lin restariĝi, nenecese, sed li devis malŝpari tempon por danki ŝin. Li ĉirkaŭkuris, serĉante alian eliron al la asfalto. Ho, jen je la maldekstro, vitro-kaj-plasta koridoro kun du anguloj. Kiam li transiris la duan, renkontis kaj detenis lin du figuroj en uniformoj— ne la samaj homoj, kiujn li jam duonvidis, sed nesufiĉe malsamaj. Ili turnis lin, marŝis lin reen laŭ tiu koridoro kaj pluraj aliaj, kaj ŝovis lin en malgrandan ĉambron. Rifuzante klarigi, ili traserĉis lin, ankaŭ ĝisnude.

"Kion vi imagas ke mi kontrabandas?" li demandis, senespere sed impertinente.

"Ĉu vi estas ligita kun la persono, kiu parolis al vi?" la altranga detektivo demandis.

"La persono, kiu kriis al vi de Elirpordo 9," aldonis la alia detektivo, por distingi ŝin de ĉiu alia, kiu parolis al Fred.

"Mi ne ligiĝas kun ŝi. Mi ne donis ion al ŝi, kaj ŝi donis nenion al mi, kiel vi vidis. Mi nur hazarde estas la sola persono, kiu scias, de kie ŝi venas."

"Kaj kiel vi hazarde scias tion?"

"Ŝi estis perdita— ĉe fervoja stacidomo— kaj neniu povis kompreni la lingvon, kiun ŝi parolas."

"Sed ĉu vi ja povis?"

"Jes."

"Kiun lingvon ŝi parolis?"

"Esperanton."

"Ne stultumu. Kiun lingvon ŝi parolis?"

"Esperanton."

"Ĉu tio estas vera lingvo? De kie ĝi venas?"

"It's an international language. That's why she and I could understand each other though I didn't know where she came from."

"So now you know where she comes from and all about her?"

"No, almost nothing. She had only just begun to tell me her story."

The officers conferred in an undertone. Then: "Wait here."

Fred, alone in the small room painted in two tones of yellow-brown, had no option but to wait there, since the door was locked.

Time passed, the officers perhaps had other suspects to deal with. Though the bench on which Fred had to sit was hard, he dozed. He had not had much chance to sleep, or to eat, and he dreamed of a sandwich seven storeys high, with moving bands of salami, and mayonnaise-coated escalators from level to level. He was woken by a touch on his arm.

"Hello, Klara," he said, yawning— "Hello, Kalaringavamdili."

"She can continue to tell you her story," said the officer.

"Bugged, is it, the room?" The officer departed without comment.

"What was it that you shouted to me?"

"Tetutulkaravamjuftuli!"

"And what is that?"

"It's the man's name— I didn't know any other. I didn't know how to tell them the man's name, or where his house is. The house where I was."

"You were living in a man's house?"

"Yes, my father-in-law."

"Your father-in-law? You are married?"

"I was to be married. If I could tell them they would speak to him on the telephone and take me back there, but all I could tell them was Tetutulkaravamjuftuli. I haven't been told any other name. He's a respectable man, a big American man."

"But that," said Fred with understatement, "doesn't sound like an American name."

She shook her head, as if she was as puzzled as he was. He said: "You were telling me your story."

"Ĝi estas internacia lingvo. Tial ŝi kaj mi povis kompreni unu la alian, kvankam mi ne sciis, de kie ŝi venis."

"Do nun vi scias, de kie ŝi devenas kaj ĉion pri ŝi?"

"Ne, preskaŭ nenion. Ŝi nur ĵus komencis diri al mi sian historion."

La oficiroj interparolis duonvoĉe. Poste: "Atendu ĉi tie."

Fred, sola en la malgranda ĉambro pentrita en du koloroj de flavobruno, ne havis alian eblon ol atendi tie, ĉar la pordo estis ŝlosita. Tempo pasis, la oficiroj eble devis trakti aliajn suspektatojn. Kvankam la benko, sur kiu Fred devis sidi, estis malmola, li dormetis. Li ne havis multajn okazojn dormi, aŭ manĝi, kaj li sonĝis pri sandviĉo sep etaĝojn alta, kun moviĝantaj tavoloj de salamo kaj majonezo-kovritaj ŝtuparoj de nivelo al nivelo. Li vekiĝis pro tuŝo surbrake.

"Saluton, Klara," li diris, oscedante— "Saluton, Kalaringavamdili."

"Ŝi povas daŭrigi la rakontadon de sia historio," diris la oficiro.

"Aŭskultiloj en la ĉambro, ĉu ne?" La oficiro foriris sen komento.

"Kion vi kriis al mi?"

"Tetutulkaravamjuftuli!"

"Kaj kio estas tio?"

"Ĝi estas la nomo de la viro— mi ne konas alian. Mi nek scias kiel diri al ili la nomon de la viro, nek kie estas lia domo. La domo kie mi estis."

"Vi loĝis en la domo de iu viro?"

"Jes, mia bopatro."

"Via bopatro? Vi estas edzino?"

"Mi devus edziniĝi. Se mi povus klarigi al ili, ili parolus al li per telefono kaj reportus min tien, sed mi nur povis diri al ili 'Tetutulkaravamjuftuli.' Oni ne diris al mi ajnan alian nomon. Li estas respektata viro, grava usona viro."

"Sed tio," diris Fred kun maltroigo, "ne sonas kiel usona nomo."

Ŝi kapneis, kvazaŭ ŝi estis tiel konfuzita, kiel li. Li diris: "Vi rakontis al mi vian historion."

"Yes, I'd better tell you the rest. Then you'll understand. Where had I got to?"

"You had just told me you were betrothed." Fred remembered that well.

"Yes. I was betrothed to my chipnahuldulkulvai— that's our word for it, there seems to be no word for it in other languages— the great-great-grandson of the brother of my great-great-grandmother. His name was Rontadulkatatamtingmali."

"Ronatulgatalum…"

"Rontadulkatatamtingmali."

"Rontatulma…"

"Rontadulkatatamtingmali. It's easy. Listen better. Rontadul–"

"I will learn his name later," said Fred. His brain had fixed Kalaringavamdili but might take longer with other Flentawian names. He wanted the story to speed up. "For now, can I call him Ron?"

"Yes."

"So your marriages are arranged?"

"Yes. We are married at the girl's eighteenth birthday. It used to be fourteenth, but when Flentavi joined the United Nations it was changed to eighteenth. We are married only if we then, having got to know each other, agree to it. Almost always, having got to know each other, we do agree to it. It works well, usually. But."

"But?"

"Ron's father is Tetutulkaravamjuftuli."

"Ah. The name you called out to me? Tetukalatu… Can I call him Ted?"

"Yes. Ted is a clever man. He sells things. He takes cargoes of our breadfruit on the monthly ship to Tahiti, and then on the plane to America. He can read and write and use machines, and pays other people to do some work for him. We learn in school to read and write our language, but only a few know some Tahitian or French.

"Ted is rich from his business, but he decided to move away from the island. This was when Ron was still a baby. Ted had

"Jes, mi prefere diru al vi la ceteron. Tiam vi komprenos. Ĝis kie mi atingis?"

"Vi ĵus diris al mi ke vi estis fianĉinigita." Fred memoris tion bone.

"Jes. Mi estis fianĉinigita al mia zipnahuldulkulvai— jen nia vorto por tio, ŝajne neniu vorto por ĝi ekzistas en aliaj lingvoj— la pra-pra-nepo de la frato de mia pra-pra-avino. Lia nomo estis Rontadulkatatamtingmali. "

"Ronatulgatalum…"

"Rontadulkatatamtingmali."

"Rontatulma…"

"Rontadulkatatamtingmali. Estas facile. Aŭskultu bone. Rontadul –"

"Mi lernos lian nomon poste," diris Fred. Lia cerbo fiksis Kalaringavamdili, sed li bezonus pli da tempo kun aliaj flentavuaj nomoj. Li volis la historion rapidigi. "Nuntempe, ĉu mi rajtas nomi lin Ron?"

"Jes."

"Do, viajn geedziĝojn oni aranĝas?"

"Jes. Ni geedziĝas je la dekoka naskiĝtago de la junulino. Antaŭe estis la dekkvara, sed kiam Flentavi aliĝis al la Unuiĝintaj Nacioj, tio ŝanĝiĝis al la dekoka. Ni geedziĝas nur se je tiu aĝo, post interkonatiĝo, ambaŭ konsentas. Preskaŭ ĉiam, post la reciproka interkonatiĝo, ni konsentas al la geedziĝo. Ĝi funkcias bone, kutime. Sed –"

"Sed?"

"La patro de Ron estas Tetutulkaravamjuftuli."

"Ha. La nomo, kiun vi kriis al mi? Tetukalatu… Ĉu mi rajtas nomi lin Ted?"

"Jes— Ted estas lertulo. Li vendas aferojn. Li prenas kargojn de nia panarba frukto per la ĉiumonata ŝipo al Tahitio, kaj poste per aviadilo al Usono. Li povas legi kaj skribi kaj uzi maŝinojn, kaj pagas aliajn homojn labori por li. Ni lernas en lernejo legi kaj skribi nian lingvon, sed nur malmultaj scias iom de la tahitia aŭ la franca.

"Ted estas riĉa de sia negoco, sed li decidis transloĝiĝi for de la insulo. Tio estis kiam Ron estis ankoraŭ bebo. Ted lernis ke la

learned that the reason for the storms now washing higher over the atoll is that the ocean is rising. He moved with his wife and son to America. He kept coming back to our island to do his trading and to talk with his friends and help people with modern problems, but his wife Dini— I won't bother you with her Flentawian name. She and Ron stayed in America.

"Ted intended that Ron should grow up to speak our language as well as English, the language of America. But this did not happen, because it was Ron's mother Dinimalugupalpili who talked our language to him, and she died, in an eating-place, of getting a chicken bone stuck in her throat. Ted perhaps tried to talk in Flentawian to Ron, but Ted was not in the house as much as his wife had been and as much as the cook and the other workers were, and Ron played with the other boys and didn't like Flentawian and learned to speak only English.

"But we were still betrothed and the time went on, and it came to be only a year to the time when we would have to be married. My father and mother worried about this, and so did Ted, and they talked about it each time Ted was in Flentavi. My father said that Ron should come to Flentavi and get to know me, and perhaps he would like Flentavi as well as me and would decide to live there with me. But Ted said that Ron was now a student, so he couldn't come for long, and besides, he couldn't speak Flentawian.

"So they saw that, at least, we would have to learn to speak each other's languages. After that, one of us would have to go to the other's country so that we could get to know each other and marry, and then it could be decided where we would live, but at least we would have to be able to talk with each other.

"So when Ted flew home he gave Ron a book about Flentawian."

"Ah," said Fred, "a grammar book. Probably by C.T.K. Jipson. I believe he's the authority on the Micronesian languages."

"And Ted sent me a book about English. It was all in English itself.

"I think that Ron didn't try very long, though it must have been easier for him because his book about Flentawian was in English.

ŝtormoj nun inundas pli alte super la atolo pro tio ke la oceano altiĝas. Li elmigris kun sia edzino kaj filo al Usono. Li revenadas al nia insulo por fari sian komercon kaj paroli kun siaj amikoj kaj helpi homojn pri modernaj problemoj, sed lia edzino Dini— Mi ne tedos vin per ŝia flentavua nomo. Ŝi kaj Ron restis en Usono.

"Ted intencis ke Ron kresku parolante nian lingvon kaj la anglan, la lingvo de Usono. Sed tio ne okazis, ĉar estis la patrino de Ron, Dinimalugupalpili, kiu parolis nian lingvon, kaj ŝi _mortis en manĝejo, pro kokidosto, kiu fiksiĝis en ŝia gorĝo. Ted eble provis paroli la Flentawian al Ron, sed Ted ne estis en la domo tiel ofte, kiel lia edzino kaj la kuiristino kaj la aliaj laboristoj, kaj Ron ludis kun la aliaj knaboj kaj ne ŝatis la Flentawian kaj lernis paroli nur la anglan.

"Sed ni estis ankoraŭ gefianĉoj kaj la tempo pasis, kaj fine restis nur unu jaro ĝis la dato, kiam ni devos geedziĝi. Mia patro kaj patrino maltrankviliĝis pri tio, kaj ankaŭ Ted, kaj ili interparolis pri tio, ĉiufoje kiam Ted estis en Flentavi. Mia patro diris, ke Ron venu al Flentavi kaj ekkonu min, kaj eble li ŝatos Flentavi-on kaj min, kaj decidos loĝi tie kun mi. Sed Ted diris ke Ron nun estis studanto, do li ne povis veni por longa periodo, kaj cetere, li ne scipovis la Flentawian.

"Do ili konkludis, ke minimume ĉiu devus lernu paroli la lingvon de la alia. Poste, unu el ni devus iri al la lando de la alia, por ke ni povu ekkoni unu la alian kaj geedziĝi. Poste ni povus decidi, kie ni loĝus, sed almenaŭ ni devus kapabli interparoli.

"Do, kiam Ted flugis hejmen, li donis al Ron libron pri la flentavia."

"Ho," diris Fred, "gramatika libro. Probable tiu de C.T.K. Jipson. Mi kredas ke li estas la aŭtoritato pri la mikroneziaj lingvoj."

"Kaj Ted sendis al mi libron pri la angla. Ĉio en ĝi estis en la angla mem.

"Mi opinias ke Ron ne provis tre longe, kvankam la flentavua devus esti pli facila por li, ĉar lia libro pri la flentavua estis en la

He said Flentawian was the most ridiculous language, not like English at all. I tried hard, but I found that English was not like Flentawian; it was not reasonable. It had many tangles, for no reason.

"I would have tried longer, but just a day after the book arrived Ted himself arrived again, on another visit he had to make for business. He asked how I was getting on, and I said I was trying, but I couldn't say any of the words right and I couldn't see how I would be able to talk deeply in less than a year. Ted said that he understood, because he had seen Ron's difficulty, and there was now another possibility.

"He had been talking about the problem with friends, and one of them mentioned that there was an easier language that both of us could learn in a short time. So Ted thought he might try this, and he bought a book about the language for Ron. The language was called— well, you know what it is and what it's called. Ron gave it a try and found it not much work. In fact he bought himself a dictionary and looked up the Clear Language words for various amusing things.

"So it seemed that that side of the plan might work. So now Ted had brought a book for me. This book didn't explain the Clear Language in English, which wouldn't have helped me; instead, it was a book of many stories in the Clear Language, with pictures. The book didn't explain what 'flava domo' and 'bruna domo' mean, it just showed pictures of a yellow house and a brown house."

"But how did you know how to pronounce the words?"

"I just decided to make each letter make one sound. Perhaps the letters make many sounds, as in English, but I could not know what they might be, so I made each make one."

"And you were right. But the sound you decided to use for 'j' was not quite right, so"— and here Fred nearly made the mistake of interrupting her story to tell her the sounds to use for the letters she was sounding wrongly. But he was interrupted himself, by the return of one of the airport security officers.

"That's enough," the officer said. "This has become boring for us. There has been a misapprehension. I wouldn't myself waste

angla. Li diris ke la flentavua estas la plej ridinda lingvo, neniel, kiel la angla. Mi strebis forte, sed mi trovis, ke la angla ne estas kiel la flentavua; ĝi ne estas racia. Ĝi havas multajn tordaĵojn, pro neniu kialo.

"Mi klopodus pli longe, sed nur unu tagon post la alveno de la libro, alvenis Ted denove por alia komerca vizito. Li demandis, kiel mi progresas, kaj mi diris, ke mi provis, sed mi ne povas eldiri la vortojn ĝuste, kaj mi ne povis prognozi, ke mi povos paroli bone en malpli ol jaro. Ted diris, ke li komprenas, ĉar li vidis la malfacilaĵojn de Ron, kaj ekzistas nun alia eblo.

"Li jam diskutis la problemon kun amikoj, kaj iu menciis, ke ekzistas pli facila lingvo, kiun ni ambaŭ povos lerni en mallonga tempo. Do Ted pensis ke ni povus provi tion, kaj li aĉetis libron pri la lingvo por Ron. La lingvo estas— nu, vi scias, kio ĝi estas kaj kiel ĝi nomiĝas. Ron provis ĝin, kaj ĝi ne postulis multan laboron. Fakte li aĉetis vortaron kaj kontrolis vortojn en la Klara Lingvo pri diversaj amuzaj aferoj.

"Do ŝajnis, ke tiu flanko de la plano povus funkcii. Sekve Ted nun kunportis libron por mi. Tiu libro ne klarigas pri la Klara Lingvo per la angla, kiu ne helpus min; anstataŭe, ĝi estis libro de multaj rakontoj en la Klara Lingvo, kun bildoj. La libro ne klarigas la signifojn de 'flava domo' kaj 'bruna domo'. Ĝi nur montris bildojn de flava domo kaj bruna domo."

"Sed kiel vi scias, kiel prononci la vortojn?"

"Mi nur decidis doni unu sonon al ĉiu litero. Eble la literoj havas multajn sonojn, kiel en la angla, sed mi ne povis scii pri tio, do mi elektis po unu sonon."

"Kaj vi pravis. Sed la sono, kiun vi decidis uzi por 'j' ne tute pravas, do"— kaj tiam Fred preskaŭ faris la eraron interrompi ŝian rakonton per klarigo pri la ĝustaj sonoj de la literoj, kiujn ŝi prononcis malĝuste. Sed li interrompiĝis mem pro la reveno de unu el la flughavenaj sekureco-oficiroj.

"Tio sufiĉas," diris la oficiro. "Tio fariĝis enuiga por ni. Okazis miskompreno. Mi ne malŝparu pli da publika mono por vi. Sed mi

any more of the taxpayer's money on you, but I've been instructed to close the docket. Here are vouchers for limited refreshments at the cafeteria; we do not need any further personal information, except that, if you will kindly fill in your names and actual addresses in this form and bring it to the main counter on Level B you will be issued with travel vouchers to the destinations of your choice, within the contiguous United States."

"Please finish telling me about how each letter is pronounced," she said to Fred in a quiet corner of the cafeteria.

"Later," said Fred; "the sounds you are giving them are fine, in fact they are pretty. Some of them aren't the right ones, but they could be. You were telling me that you learned the Clear Language from this book."

"Yes. It was so easy after trying to learn English."

"How long did it take you?"

"Nearly half a month, I think. We still had three months to go, and we could now write letters to each other in this language. But the mail ship to Tahiti went only once a week, and now Ted hurried back to give me something else, a machine called a computer. I had used a typewriter when I was working to help our government office, so I could soon use the computer to write email.

"And Ron and I sent each other messages several times every day. So we got quickly better at the Clear Language."

"You know," said Fred, "that that isn't really the name for the language."

"Yes, it has a name that means 'hopeful' but I call it the Clear Language. Or I could call it the Easy Language, but it wasn't completely easy for me. We don't have 'he' and 'she' in Flentawian, I had to learn how to use them in the Clear Language.

"We told each other about ourselves, and soon it seemed that the Clear Language was a good language for writing about love. Ron said that he could tell that I was perfect and that a deep feeling inside him told him that he loved me. He began sending me poems. This was the first:

devas fermi la aferon. Jen biletoj por limigitaj refreŝigaĵoj ĉe la kafejo; ni ne bezonas pliajn personajn informojn, krom ke, se vi bonvolos meti vian nomon kaj aktualan adreson en tiu formularo, kaj alportos ĝin al la ĉefa giĉeto sur Nivelo B, ili aranĝos vian vojaĝon al la finloko de via elekto, ene de Usono. "

"Bonvole finu vian klarigon pri la prononco de ĉiu litero," ŝi diris al Fred en trankvila angulo de la kafejo.

"Poste," diris Fred; "la sonoj, kiujn vi donas al la literoj estas bonaj; fakte ili estas belaj. Iuj el ili ne ĝustas, sed ili ja povus esti. Vi rakontis al mi, ke vi lernis la Klaran Lingvon el tiu libro."

"Jes. Ĝi estis tiel facila post miaj provoj lerni la anglan."

"Kiom da tempo vi bezonis?"

"Preskaŭ duonmonaton, mi kredas. Ni ankoraŭ havis tri monatojn antaŭ la geedziĝo, kaj ni povis nun skribi leterojn unu al la alia per tiu lingvo. Sed la poŝta ŝipo al Tahitio iris nur unufoje semajne, kaj tiam Ted rapidis reen por doni al mi ion alian, maŝino nomita komputilo. Mi uzis tajpilon, kiam mi laboris por helpi nian registaran oficejon, do post nelonge, mi povis poste uzi la komputilon por skribi retpoŝton.

"Kaj Ron kaj mi sendis reciproke mesaĝojn plurfoje ĉiutage. Do ni rapide plibonigis niajn kapablojn pri la Klara Lingvo."

"Vi scias," diris Fred, "ke tio ne estas vere la nomo de la lingvo."

"Jes, ĝi havas nomon, kiu signifas 'esperi', sed mi nomas ĝin la Klara Lingvo. Aŭ mi povis nomi ĝin la Facila Lingvo, sed ĝi ne estis tute facila por mi. Ni ne havas 'li' kaj 'ŝi' en la flentavua, do mi devis lerni kiel uzi ilin en la Klara Lingvo.

"Ni rakontis unu al la alia pri ni mem, kaj poste ŝajnis, ke la Klara Lingvo estas bona lingvo por skribi pri amo. Ron diris, ke li povas konstati, ke mi estas perfekta kaj ke profunda sento en li diris, ke li amas min. Li komencis sendi al mi poemojn. Jen la unua:

> Girl with the narrow shoulders~
> And hair like stormy waves,
> I love you, and will love you
> Always!

"I didn't entirely like the narrow shoulders and the stormy waves, and he was somewhat offended and sent some better poems. I suspected that he had copied them from a book. Still, his poems impressed and moved me. Ron evidently was clever, and the photographs that he sent showed that he was as handsome as any Flentawian, in fact he looked even more handsome than the Flentawian boys I knew. So I thought it probable that I also would really like him, and I said this as well as was possible for me before I had actually met him.

"So then, to get to meet each other. My father said to me that Ron, who had not seen Flentavi since he was a baby, should come to stay with us, and get to know his native country as well as getting to know me. So that's what I said in my next email to Ron. But Ron answered that he was approaching his final examinations. He was studying business and economics. The examination would be very important, and if he passed it he would be able to go on and become even richer than his father. So he knew I would understand that he really could not come to Flentavi now, and instead he hoped I would come to visit him. And, he said, this would be much more fun for me. After he had passed his examination, that would be the time for us to return to Flentavi and marry. So this was how it had to be. Ted would make all the arrangements.

"Ted arranged for me to get a passport, and a suitcase, and I went with him on the ship to Tahiti, and on the airplane to America. Ted kept asking me whether it was fun, as Ron had said it would be. I said that it was. But it was also scary. It was hard to believe that we could be so high above the ocean, for so long. Then, so much land. The most beautiful things I saw were the things called rivers. After a long time I looked around me and saw that all the other people were dreaming, and I thought that I was. But at last we came down to the airport called Dulles.

"We went in a car for a long distance to Ted's house. It was

> Knabino mia, kun mallarĝaj ŝultroj,
> Kaj kun hararo kiel ŝtormaj ondoj,
> Mi amas vin, kaj vin mi ĉiam amos!

"Mi ne tute ŝatis la mallarĝajn ŝultrojn kaj la ŝtormajn ondojn, kaj li iomete ofendiĝis kaj sendis pli bonajn poemojn. Mi suspektis, ke li kopiis ilin el libro. Tamen, liaj poemoj imponis kaj emociigis min. Ron evidente estis lerta, kaj liaj kunsenditaj fotoj montris, ke li estas tiel bela kiel ajna Flentawiano; fakte li aspektis eĉ pli bela ol la al mi konataj flentavuaj knaboj. Do mi opiniis, ke verŝajne mi ankaŭ tre ŝatos lin, kaj mi diris tion tiel, kiel eblis por mi, antaŭ vera renkontiĝo.

"Sekve ni devis aranĝi renkonti unu la alian. Mia patro diris al mi, ke Ron, kiu ne vidis Flentavi ekde infanaĝo, venu resti ĉe ni, ekkoni lian naskiĝlandon kaj samtempe ekkoni min. Do, tion mi proponis en mia sekva retmesaĝo al Ron. Sed Ron respondis, ke proksimiĝas liaj finaj ekzamenoj. Li studis komercon kaj ekonomikon. La ekzamenoj estos tre gravaj, kaj se li sukcesos en ili, li kapablos daŭrigi kaj fariĝi eĉ pli riĉa ol sia patro. Do li sciis, ke mi komprenos, ke li vere ne povas veni al Flentavi nun, kaj anstataŭe li esperis, ke mi venos viziti lin. Kaj li diris, ke tio estos multe pli amuza por mi. Post sukceso en la ekzamenoj estos tempo por ni reveni al Flentavi kaj geedziĝi. Do, tiel devis esti. Ted devus fari ĉiujn aranĝojn.

"Ted aranĝis, ke mi akiru pasporton kaj valizon, kaj ke mi iru kun li sur la ŝipo al Tahitio, kaj per aviadilo al Usono. Ted demandadis al mi, ĉu tio estas amuze, kiel Ron supozis. Mi diris, ke jes. Sed ankaŭ estis timige. Malfacilis kredi, ke ni povis esti tiel alte super la oceano, tiel longtempe. Poste, tiel granda lando. La plej belaj aferoj, kiujn mi vidis, estis la aĵoj, kiujn oni nomas riveroj. Post longa tempo mi rigardis ĉirkaŭen kaj vidis, ke ĉiuj aliaj homoj sonĝas, kaj mi pensis ke mi sonĝas. Sed finfine ni malsupreniris ĉe la flughaveno nomita Dulles.

"Ni iris per aŭto longan distancon al la domo de Ted. Ĝi estis

very large and he also had a garden as large as our village. Ron was not there when I arrived, because he lived at this time where he was studying, in the city of Washington, but he had a car of his own and came home and spent most of the next day with us. He was indeed a handsome Flentawian boy, and I thought I was going to like him as much as I had hoped.

"And, the next day, he took me in his car to a sort of palace full of shops, and bought new clothes and many other things for me, such as kinds of paint to put on my face. I didn't know how to use them.

"Each day, he had to spend some of his time away studying, and even some of his time in the house studying, but he managed to spend some hours with me, and we talked so much that we both got even better at the Clear Language. One of the nice things he said to me was that I was better at the Clear Language than he was, even though it was more like his language than like mine— it was, he said, in some ways like some other languages of which he had had to learn a little in school— and this showed I was clever even though not a student, and he called me his Clear Language teacher! Though I was his 'Clear Language teacher' he talked more of the time than I did, and said a lot of nice things.

"I was taken out of the house only one other time: we went to someone else's house for a party, which went on into the evening. I didn't know how to dance the kind of dances that were going on, so we sat and watched the other people dancing.

"Most of the girls were tall and had yellow hair, unlike me. Ron told me the name of one of them— it was very short, something like Medelindemi –"

"Melinda, perhaps," suggested Fred.

"Yes, that was it, and he mentioned that at one time it seemed that he would marry her. He noticed my surprise, and said that of course he would not have been able to marry anyone else because of our Flentawian custom. 'It would have been a good idea if it had been possible,' he said, 'because her father is even richer than Ted. But that was all back in the time when I didn't know whether I would like you.'

tre granda kaj ĝi ankaŭ havis ĝardenon tiel grandan, kiel nia vilaĝo. Ron ne estis tie, kiam mi alvenis, ĉar li vivis en la loko, kie li studis, en la urbo de Vaŝingtono, sed li havis propran aŭton kaj venis hejmen kaj pasigis la plejparton de la sekva tago kun ni. Li ja estis bela flentavua knabo, kaj mi pensis, ke mi ŝatos lin tiel, kiel mi esperis.

"Kaj, la postan tagon, li ŝoforis min per sia aŭto al ia palaco plena je vendejoj kaj aĉetis novajn vestaĵojn kaj multe da aliaj aferoj por mi, ekzemple specojn de farbo por surmeti sur mian vizaĝon. Mi ne sciis kiel uzi ilin.

"Ĉiutage li devis pasigi iom el sia tempo en fora studado, kaj eĉ iom el lia tempo en la domo studante, sed li sukcesis pasigi horojn kun mi, kaj ni parolis tiel multe, ke ni ambaŭ progresis eĉ pli bone en la Klara Lingvo. Inter aliaj agrablaj aferoj li diris al mi, ke mi pli bone parolas la Klaran Lingvon ol li, kvankam ĝi estas pli simila al lia lingvo ol al la mia— estas, li diris, kelkrilate kiel kelkaj aliaj lingvoj, kiujn li devis iom lerni en lernejo— kaj tio montras, ke mi estas lerta, kvankam ne studento, kaj li nomis min sia instruisto de la Klara Lingvo! Kvankam mi estis lia 'instruisto de la Klara Lingvo', li parolis pli ol mi, kaj diris multajn belaĵojn.

"Li kondukis min el la domo nur unu plian fojon: ni iris al la domo de alia persono por festo, kiu daŭris ĝis la vespero. Mi ne scipovis danci la specon de dancoj, kiujn oni faris, do ni sidis kaj rigardis la aliajn dancantojn.

"La plejparto de la knabinoj estis altaj kaj havis flavajn harojn, kontraste al mi. Ron rakontis al mi la nomon de unu el ili— ĝi estis tre mallonga, simile al Medelindemi –"

"Melinda, eble," sugestis Fred.

"Jes, tio ĝi estis, kaj li menciis, ke iam ŝajnis, ke li edziĝos al ŝi. Li rimarkis mian surprizon, kaj diris, ke kompreneble li ne povos geedziĝi al alia persono pro nia flentavua kutimo. 'Estus bona ideo, se estus eble,' li diris, 'ĉar ŝia patro estas eĉ pli riĉa ol Ted. Sed ĉio ĉi estis en la tempo, kiam mi ne sciis, ĉu mi ŝatos vin.'

"The next night, Ted was away on business, so Ron did not drive back to his apartment in Washington but he and I sat up late talking, on the couch, and Ron kissed me and suggested that we go to his bedroom. I was surprised and reminded him that we were not married yet. I remember that his mouth was open for a moment and then he hit his forehead with his hand and laughed and said: 'Oh, I had forgotten that!' It was just a joke.

"Then, as his exam was coming near, he had to spend all his time away, and I had no one to talk with, except Ted, who talked with me in Flentawian when he came home in the evening, and the Filipino cook and housekeeper and the Japanese gardener, who couldn't even talk much English.

"Ron passed his exam, and so everything was set. I had a larger bag now, which Ted had given me, and I packed it with the few things of my own that I had brought with me and the things that had been given to me, and my passport. Ron put my bag and his bags into his car; he had eight bags, and had to put two of them onto the back seat, beside Melinda. I was surprised to see her there. Ron explained that, since he would be coming with me in the plane, someone would have to drive his car back to the house, and Melinda had kindly offered to do it. Indeed, since he wouldn't be coming back, he had given the car to Melinda.

"Instead of driving all the way to the airport, we drove to a railway station. This was another strange place for me. There was a platform with this long house called a train standing beside it.

"Ron opened a door and said: 'Jump on here and find a seat, I'll put the bags in the place for the bags and come and join you.'

"The train was quite full of people, and before I had found two seats next to each other it started moving. Ron didn't appear, and I supposed he was searching for me. I got up and walked along the train and back. The train stopped at a station, I hoped it wasn't the station at the airport, I tried to ask but I didn't know the words. I said 'Dulles', I remembered that that was the name of the airport; the train had just started moving again, and someone understood and pointed in the opposite direction. The train went on, and Ron and my bag were not in it.

"La sekvan nokton, Ted estis for pro komerco, do Ron ne veturis al sia apartamento en Vaŝingtono sed li kaj mi sidis ĝis malfrue parolante, sur la kanapo, kaj Ron kisis min kaj sugestis, ke ni iru al lia dormoĉambro. Mi estis surprizita kaj memorigis al li, ke ni ankoraŭ ne geedziĝis. Mi memoras, ke lia buŝo restis malfermita dum momento, kaj poste li frapis sian frunton per la mano kaj ridis kaj diris: 'Ho, mi forgesis tion!' Tio estis nur ŝerco.

"Do ĉar lia ekzameno proksimiĝis, li devis pasigi sian tutan tempon for, kaj mi havis neniun kun kiu paroli, krom Ted, kiu parolis kun mi en la ĉentavua, kiam li venis hejmen vespere, kaj la filipina kuiristino kaj dommastrino, kaj la japana ĝardenisto, kiu eĉ ne bone regis la anglan.

"Ron sukcesis en sia ekzameno, kaj do ĉio estis preta. Mi havis pli grandan valizon nun, kiun Ted donis al mi, kaj mi plenigis ĝin je miaj malmultaj propraj aĵoj, kiujn mi kunportis kun mi, kaj per la aferoj donitaj al mi, kaj mia pasporto. Ron metis mian valizon kaj siajn valizojn en sian aŭton, li havis ok valizojn, kaj devis meti du el ili sur la malantaŭan sidlokon, apud Melinda. Mi estis surprizita vidi ŝin tie. Ron klarigis, ke ĉar li iros kun mi en la aviadilon, iu devos veturigi lian aŭton reen al la domo, kaj Melinda jam afable proponis al li fari tion. Efektive, ĉar li ne revenos, li donacis la aŭton al Melinda.

"Anstataŭ veturi ĝis la flughaveno, ni veturis al fervoja stacidomo. Tiu estis alia stranga loko por mi. Estis kajo kun tiu longa domo nomita trajno apude.

"Ron malfermis pordon kaj diris: 'Ensaltu ĉi tie kaj trovu sidlokon, mi metos la valizojn en la lokon por la sakoj kaj mi venos kaj kuniĝos kun vi.'

"La trajno estis tute plena je homoj, kaj antaŭ ol mi trovis du apudajn seĝojn, ĝi komencis moviĝi. Ron ne aperis, kaj mi supozis, ke li serĉas min. Mi ekstaris kaj promenis laŭlonge de la trajno kaj reen. La trajno haltis ĉe stacio, mi esperis, ke ne estis la stacio ĉe la flughaveno, mi provis demandi sed mi ne konis la vortojn. Mi diris 'Dulles', mi memoris ke tiu estas la nomo de la flughaveno; la trajno ĵus komencis moviĝi denove, kaj iu komprenis kaj indikis en la kontraŭa direkto. La trajno pluiris, kaj Ron kaj mia valizo ne estis en ĝi.

"And a man came along, wearing dark blue clothes and stopping beside all the seats, and the people held out to him little bits of paper. He came to where I was, the people near me held out their bits of paper, but I didn't have one. He became angry and said –"

"Ticket!" said Fred.

"He kept on saying angry things to me. He took out a larger piece of paper and wrote things on it, and held it out to me, with a pen; he wanted me to write something in a place on the paper, but I didn't understand. The people near us pretended not to notice, except for one, who argued with the man and held out some money. But the man pulled me to my feet and made me walk along to one of the doors.

"Suddenly things got even worse. There was a loud sound and we were in darkness. The train made an even more horrible noise as it rushed into the darkness. I think I was screaming. I thought I was in hell."

"It was the tunnel."

"Tunnel?"

"A hole through the ground, a big hole that you can go through."

"Yes, the train was in this hole. It ended with another loud sound— the sound of the other sound ending. We were in the light again, but I didn't know whether we were in the same world. The train rushed out across a metal bridge over water –"

"The Potomac River."

"And stopped at another platform, and the door opened and the man pushed me out."

"Klara," said Fred, neglecting for a moment to use her real name because he was thinking. "Do you want the house of Tetutulkaravamjuftuli to be found, so that you could return to it?"

"No one knows where the house of a Flentawian man called Tetutulkaravamjuftuli is."

"No, but one can work out roughly where to start looking. For a large house belonging to a wealthy South Sea Islander known as Ted. I suspect I'm not the only one to call him that."

She did not reply. Fred proceeded to something else that had

"Kaj iu viro alvenis, vestita per malhelbluaj vestaĵoj kaj haltis apud ĉiuj sidlokoj, kaj la homoj prezentis al li malgrandajn paperpecojn. Li venis tien, kie mi estis, la personoj apud mi prezentis siajn pecojn da papero, sed mi ne havis. Li koleriĝis kaj diris –"

"Ticket!" diris Fred. "Bileto."

"Li diradis kolerajn aferojn al mi. Li elprenis pli grandan pecon da papero kaj skribis ion sur ĝi kaj etendis ĝin al mi, kun plumo; li volis, ke mi skribu ion en loko sur la papero, sed mi ne komprenis. La homoj proksimaj al ni ŝajnigis ne rimarki, krom unu, kiu argumentis kun la viro kaj prezentis iun monon. Sed la viro tiris min surpieden kaj min marŝigis al la pordo.

"Subite aferoj fariĝis eĉ pli malbonaj. Aŭdiĝis laŭta sono kaj ni estis en mallumo. La trajno faris eĉ pli teruran bruon dum ĝi rapidis en la mallumon. Mi kredas, ke mi kriis. Mi kredis, ke mi estas en la infero."

"Ĝi estis la tunelo."

"Tunelo?"

"Truo tra la tero, granda truo, kiun oni povas trairi."

"Jes, la trajno estis en tiu truo. Ĝi finiĝis kun alia laŭta sono—la sono de la fino de la alia sono. Ni estis en la lumo denove, sed mi ne sciis, ĉu ni estas en la sama mondo. La trajno kuris eksteren trans metala ponto super akvo –"

"La rivero Potomako."

"Kaj haltis ĉe alia kajo, kaj la pordo malfermiĝis kaj la viro elpuŝis min."

"Klara," diris Fred, neglektante momente uzi ŝian veran nomon, ĉar li cerbumis. "Ĉu vi volas, ke oni trovu la domon de Tetutulkaravamjuftuli, por ke vi povu reveni al ĝi?"

"Neniu scias, kie troviĝas la domo de flentavua viro nomita Tetutulkaravamjuftuli."

"Ne, sed oni povas elpensi kie komenci serĉi. Serĉi grandan domon apartenanta al riĉa viro nomita Ted el sudpacifika insulo. Mi suspektas, ke mi ne estas la sola, kiu nomas lin tiel."

Ŝi ne respondis. Fred pluiris al alia temo, kiu venas al li dum lia

come to him during his thinking. "You do not carry a handbag. Most women do."

"What is that?"

Fred described, with the help of mimicry, what a handbag or pocketbook is.

"Yes," she said, "Ron bought me one of those and told me to put things in it and how to carry it over my arm. So I did, sometimes."

"When the inspector asked you for your ticket, didn't you look in your handbag?"

"I wasn't carrying it that time. It wasn't much use to me. When we were getting to the train, we had so many handles of bags to hold, so I put it in one of the other bags."

"But Ron didn't notice that and thought you were carrying it. In it, I think, the inspector would have found a ticket to Chicago."

"What is Chicago?"

"The station at the end of the line. Ron put you on a train bound for Chicago. I'm afraid he abandoned you to get lost in America."

She burst into tears, as if she had not already thought of this for herself.

She quieted and did her best to look like a practical girl and not a helpless one.

"I have no bag," she said. "No clothes, no money, no passport, and no language. So I have no way to get back to my home."

"You had no way," said Fred.

"Yes, I had no way, but now at least I have a friend."

"Not a rich one."

"But a kind one."

They agreed to think together about what should be done. They sat side by side thinking about it for six and a half minutes, at the end of which she put out her hand and touched Fred. They thought for another three quarters of a minute.

Fred said: "The thing to do is— I would like to complete, with your help, a doctoral dissertation on the system of kinship terms

pensado. "Vi ne portas mansakon. La plejmulto de virinoj portas."

"Kio estas tio?"

Fred priskribis, helpe de gestoj, kio mansako aŭ monujo estas.

"Jes," ŝi diris, "Ron aĉetis por mi tian kaj instruis al mi kiel meti aferojn en ĝin kaj kiel porti ĝin surbrake. Do mi faris tion kelkfoje."

"Kiam la inspektisto demandis vin pri via bileto, ĉu vi ne rigardis en vian mansakon?"

"Mi ne portis ĝin tiam. Ĝi ne multe utilis al mi. Kiam ni alvenis al la trajno, ni devis teni tiom da sako-tenilo, do mi metis ĝin en alian valizon."

"Sed Ron ne rimarkis tion, kaj pensis ke vi portas ĝin. En ĝi, mi supozas, la inspektisto devus trovi bileton al Ĉikago."

"Kio estas Ĉikago?"

"La stacidomo ĉe la fino de la linio. Ron metis vin en trajnon al Ĉikago. Mi timas, ke li forlasis vin por perdiĝi en Usono."

Ŝi eksploris, kvazaŭ ŝi ne jam pripensis tion mem.

Ŝi kvietiĝis kaj faris sian plejeblon por aspekti kiel praktika virino kaj ne senhelpa knabino.

"Mi ne havas valizon," ŝi diris. "Nek vestojn nek monon, nek pasporton, kaj neniun lingvon. Do, mi neniel havas rimedojn por reiri al mia hejmo."

"Vi ne havis rimedojn," diris Fred.

"Jes, mi ne havis rimedojn, sed nun mi almenaŭ havas amikon."

"Ne riĉan."

"Sed bonkoran."

Ili interkonsentis pensi kune pri kion oni devas fari. Ili sidis flank-al-flanke pripensante dum ses kaj duono minutoj. Je la fino, ŝi etendis la manon kaj tuŝis Fred. Ili cerbumis dum tri kvaronoj de minuto pli.

Fred diris: "Kion ni devas fari estas— Mi ŝatus kompletigi, kun via helpo, doktoriĝan disertacion pri la sistemo de parencaj termi-

in Flentawian, which, I now remember, defeated the great C.T.K. Jipson."

"So," asked Kalaringavamdili— a question to which Fred's answer was "Yes"— "You would like to live with me in Flentavi and marry me?"

noj en la flentavia, kiun, mi nun memoras, venkis la elstaran C.T.K. Jipson."

"Do," demandis Kalaringavamdili— demando al kiu Fred respondis: "Jes"— "Ĉu vi ŝatus vivi kun mi en Flentavi kaj edziĝi kun mi?"

About Esperanto

Esperanto was invented by Ludwik Zamenhof (1859–1917), a Polish ophthalmologist. He hoped to encourage understanding between peoples, and therefore peace. (Poland had been partitioned three times, had repeatedly rebelled against Russian rule, and did not regain independence till 1918.) He used the pen name Dr. Esperanto ("hoping") when publishing his 1887 book about the language.

Esperanto is as regular, and nearly as easy to learn, as a fully expressive language can be. It is the most widely used of invented languages. Estimates of the number of users range up to two million, but it depends on what you mean by "use."

Esperanto came close to being adopted by the League of Nations. (It was proposed by Iran and opposed by France.) Some of the world's worst regimes hated and banned it. Stalin feared it as anti-nationalist and massacred Esperantists. Hitler feared it was a tool for unifying the Jews.

Though Esperanto is artificial, I think it is not unnatural. It could be a language of the Romance group (descended from Latin) that has evolved by analogy and borrowing—two processes that continually change all natural languages. It borrows many words from languages such as English, German, and others from around the world (rather few from Polish and the other eastern European languages that Zamenhof knew). And it has carried analogical smoothing to a remarkable degree of regularity.

Toddlers acquiring English tend to say "Mans goed" until corrected to "Men went." Children in Israel have, by such leveling, caused analogical simplifications in modern Hebrew, which is a revived and thus a sort of reinvented language. If that happened without limit in Latin you would have something approaching Esperanto. The difference with actual Esperanto is that one intelligent mind, that of Zamenhof, made the choices as to which forms to retain.

Though Esperanto has very few rules, it has many resources, so there is much that can be said about it.

The alphabet

Esperanto words use 28 letters:

A B C Ĉ D E F G Ĝ H Ĥ I J Ĵ K L M N O P R S Ŝ T U Ŭ V Z

They are 22 of the 26 in our usual alphabet, plus 6 with diacritic marks over them.

Their pronunciations are mostly general-European. The five Esperanto vowels are as in Spanish. English is the outlier among European writing systems, mainly because of the great shift that happened to its long vowels, around the end of the Middle Ages. In Esperanto, **a** has one sound; it is never as in English *what any awful age ago*. And **e** is never as in *even were ewes;* **i** is never as in *aisle*; **o** never as in *other women bow;* **u** never as in *churches bury busy rogues* ...

These need explaining:

C is like *ts*. (It is used that way in some Eastern European languages.)

Ĉ is like English *ch* in *chin*.

Ĝ is like English *j* and *dg* in *judge*.

Ĥ is like German *ch* or Spanish *j*.

J is like English *y* in *you;* also the second part of diphthongs as in English *why weigh oil*. It is used this way in Latin, German, Danish, Polish, and many other European languages.

Ĵ is like *j* in *bijou*, *g* in *beige*, *s* in *measure*.

Ŝ is like English *sh*.

Ŭ is like English *w* in *we*, also the second part of the diphthong **aŭ** as in English *cow*.

The letters **Q, W, X, Y**, though not used in Esperanto words, are used in names and non-Esperanto words. Some major names have Esperanto versions: **Britio**, "Britain"; **Usono**, "United States of America"; **Londono**, "London." And some other names can, optionally, be treated fairly easily in an Esperanto way: **Ĉarlstono**, "Charleston." But others, and words quoted from other languages, can of course be spelled in their own ways when in an Esperanto context: **En New Orleans mi vidis Mardi Gras.**

Those six

The six letters with diacritic marks over them, **ĉ ĝ ĥ ĵ ŝ ŭ**, can for convenience be written as **cx gx hx jx sx ux**, or with ^ or **h** instead of the **x**.

Notice that **ŭ** has a different diacritic because, like **j**, it is a semivowel, articulated like a brief vowel but functioning as a consonant.

I admit to feeling that Esperanto's six special characters are a disincentive to its use. They are not in ordinary character sets, and to make them appear in documents, printed or electronic, we have to go to some trouble. They caused a long roadblock in the production of this book!

Could Zamenhof have eliminated those six, by including the four he did not use? **W** is the obvious suggestion instead of **ŭ**. **X** is used in phonetic alphabets for the **ĥ** sound. The others are not so easy.

Perhaps **c**, though it is a single phoneme in Slavic languages, could have been expressed by **ts**. That would free **c** to be used instead of **ĉ** for the "ch" sound (as it is in modern Indonesian).

Using **y** for the semivowel in English *yes* and Spanish *yo* would free **j** to be used for the **ĝ** ("judge") sound.

The remaining unused letter, **q**, could be used for the **ŝ** (*sh*) sound. Unfamiliar, but it has a similar use in transliterating Chinese, and could come to seem as relishable as *c* for the "judge" sound in modern Turkish. There remains the rare "bijou" sound **ĵ**, for which an alternative is hard to find.

I don't think that such changes should be introduced. Like others that have been proposed, they would divide Esperanto literature. Millions are happily using Esperanto as it is. We should be able to trust that the language, unlike others, will remain stable. There needs to be no change except new words for new concepts.

The "sixteen" rule

The rules of Esperanto are probably as few as is possible for a fully expressive language. They are traditionally listed as sixteen. However, some of these are groups of rules, and I find myself restating them in a different order.

"Every word is read as it is written." Or, as is sometimes said, less truly, about other languages: the writing system is phonetic.

More scientifically, it is phonemic. Each letter represents a constant phoneme: for instance, **t** does not play other roles as in English *the natural rationed thistle*.

However, since English speakers unconsciously articulate *t* differently in *tone* and *stone* (with and without a little puff of breath), they are liable to introduce this and their other phonetic variations when speaking Esperanto. In other words, Esperanto **t** may have slight phonetic variation but remains one phoneme. Speakers from other languages may import their own "accents," that is, phonetic variations.

If a word has more than one vowel, the stress is always on the second to last (penultimate). There is never a need to use a mark to show where the stress falls, as in Spanish or Italian.

Each vowel corresponds to one syllable. **Alia**, "other," is three syllables. There is no need to write a mark on the **í** to show that it has the stress. **Aŭ, kaj, jes** ("or," "and," "yes") are single syllables, **j** and **ŭ** being not vowels but semivowels.

Elision is allowed: optionally dropping a final **o**, or the **a** of **la**, for variation in rhythm or rhyme or for informal style: **de l' mondo**, "of the world"; **birdet'**, "a little bird."

La is the definite article, "the." It is unchanged for singular or plural, masculine or feminine or neuter. There is no indefinite article ("a").

-a is the ending for all adjectives. (That is why the definite article ends in **-a**; it is an adjective.)

-o is the ending for all nouns. It does not change with gender.

-j is the plural ending, added after **-o** or **-a**. **Aliaj personoj**, "other people."

-n is the "accusative" ending, added after **-o, -a, -oj**, or **-aj** when they are on the object of a sentence. **La martelo trafis la longajn najlojn**, "The hammer hit the long nails."

Unu, du, tri, kvar, kvin, ses, sep, ok, naŭ, dek, cent, mil are the numbers "one, two, three, four, five, six, seven, eight, nine, ten, hundred, thousand."

Other numbers are formed like reading them decimally. **Dek unu**, 11; **dudek tri**, 23; **dek du mil kvar cent kvin dek unu**, 12,451.

Unua, dua, centa... are the ordinal adjectives: "first, second, hundredth..."

duon, trion... are fractions: "a half," "a third"...

duobla, triobla... are "double, triple..."

mi, ni are "I," "we."

vi is "you," singular or plural,.

ci is also allowed for the endearing or condescending singular "thou," abandoned by English though retained by French and German. But Zamehof advised against using it: "Call everybody vi."

li, ŝi, ĝi are "he," "she," "it."

ili is "they."

si is "self."

oni is the indefinite "one" (like French *on* and German *man*). There could be (my heretical suggestion) **zi** for the "he-or-she" that plagues current English and is coming to be avoided with "they."

-a and **-n** are added to all these pronouns, as to nouns, to make adjectives and the object case:

mia, ŝia, via... "my, her, your"...

min, ŝin, ilin... "me, her, them"...

mian, ŝian, ilian "mine, hers, theirs."

Verbs: **mi amis, mi amas, mi amos** are "I loved, I love, I will love."

These three verb endings stay the same when preceded by any

pronoun or noun, singular or plural. **Ili amis**, "they loved."

-us is the conditional ending: **se ŝi venus**, "if she were to come."

-u is the imperative ending: **Ne tiklu min!** "Do not tickle me!" It can be used not only with the second ("you") grammatical person but with the others: **Ni preĝu**, "Let us pray." It can be used where English would use some other auxiliary verbs: **Mi ne faru tion**, "I wouldn't do that"; **Ili diris ke li venu**, "They said that he should come"; **Ili manĝu kukon**, "Let them eat cake."

-i is the ending for the infinitive: **ami**, "to love."

Other verbal forms are made with the same three past-present-future vowels, **i, a, o**:

Active participles end with **-int-, -ant-, -ont-**, plus the adjectival **-a** and, if necessary, plural **-j** and accusative **-n**. Thus **amanta**, "loving [now]"; **amonta**, "going to love."

Passive participles end with **-it-, -at-, -ot-**: **amata** "loved," **amota** "going to be loved [in the future]."

A form that English doesn't really have, the gerundive, can be made with **-nd-**. **Ĝi estis ridinda**, "It was fit to be laughed at, ridiculous."

Passive verbs are formed with the auxiliary verb "to be" as in English: **mi estas amata de ŝi** "I am loved by her."

-e is the ending for adverbs. **Rapida kuristo**, "a fast runner"; **Li kuris rapide**, "He ran fast."

Ne is "not." **Ĉu** introduces yes-or-no questions. English does this by changing the order of words or using an auxiliary verb. **Ĉu ili ne venis?** "Did they not come?" or "Didn't they come?" **Ĉu** in the middle of a sentence can mean "whether." These two words also make short substitutes for longer phrases: **Ĉu?** "Right? Okay?" **Ĉu ne?** "Isn't that so?" **Ne** can be used as a prefix: **necerte**, "uncertainly."

Pli and **plej**, "more" and "most," go in front of adjectives to make them comparative and superlative. There is no need for endings like English *-er* and *-est*.

Prepositions govern nouns and pronouns: **en la domo**, "in the house." Case endings used elaborately by many languages to show relationships such as "dative," "ablative," and "locative" are not needed.

The only such ending is the **-n** marking the object (accusative) case. It has a second use: to indicate motion instead of position: **En la granda ĉambro**, "in the large room," but **en la grandan ĉambron**, "into the large room."

The prepositions may appear in other roles. For example, **sub**, "under" (preposition); **suba**, "lower" (adjective); **sube**, "below," and **suben**, "downward" (adverbs).

Je is a wildcard preposition, used when there is no other whose basic meaning clearly fits: **je la oka**, "at eight [o'clock]"; **surprizita je la demando**, "surprised by the question."

Compounding

Two words may be joined to make a new one. **Golfludi**, "to play golf"; **fiksrigardi**, "to stare"; **ĉirkaŭrigardis**, "looked around"; **stratviro**, "street person." **Kantbirdo**, "songbird"; **birdkanto**, "birdsong"

Scii, "to know," and **povi**, "to be able," make a verb "be able to know," or just "know," in the sense of French *connaitre*: **Ŝi ne scipovas la hispanan**, "She doesn't know [how to speak] Spanish."

Neat morphemes

A morpheme is a language unit with meaning. English *unwrapped* consists of three morphemes, *un-, wrap*, and the past-or-passive morpheme that appears as *-ed* or *-t* but often as something else such as a sound change, as in *came*.

Every Esperanto morpheme consists always of the same phonemes (units of sound) and the same graphemes (units of writing, letters).

The stem, or main part, of a word is a morpheme that may take several roles. For instance, **ebl-** carries the meaning "able" and appears in the adjective **ebla**, "capable"; noun **eblo**, "ability" or "possibility"; adverb **eble**, "possibly, perhaps"; and compounded, as in **supozeble**, "as one could suppose."

Prefixes and suffixes

By using these, Esperanto greatly reduces the number of separate words to be learned. Many of these morphemes can also be used as stems of words. These are just some examples:

Mal is a common prefix meaning "un-, the opposite of": **alta**, "tall"; **malalta**, "not tall, short"; **fermi**, "to close," **malferm**, "to open." And **mala** is an adjective, "opposite, contrary."

For is an adverb, "away," and a prefix: **forveturis**, "drove away."

Sen, "without": **sensenca**, "senseless"; **senhoma**, "without people, deserted."

Ge- is prefixed to mean "both sexes": **gefianĉoj**, "fiancé and fiancée, betrothed couple"; **geedziĝi**, "get married."

The diminutive suffix is **-et-**, and the feminine suffix is **-in-**. **Knabo**, "boy," **knabino**, "girl," **knabineto**, "little girl." And **et-** can be used as a free-standing adjective: **eta lando**, "a small country."

A pair of hard-working suffixes: **-ig-**, "make," and **-iĝ-**. "become." **Mi plenigis ĝin**, "I filled it." **La pordo fermiĝis**, "The door closed." They can be used as verbs: **Ĝi igis lin turni sin**, "It made him turn himself around"; **Li iĝis kolera**, "He became angry." Or in compounds: "to be born," **naskiĝi**; **naskiĝlando**, "birth land, native land."

ul-, "a type of person," is usually a suffix: **junulo**, "a youngster"; **fremdulo**, "foreigner"; **aliuloj**, "other people." But it can be a free noun, "somebody, a bloke," as in **tiu ulo kun longaj haroj**, "that character with long hair."

-ad- denotes continuation or repetition: **demandadis**, "kept asking."

-ej-, associated place: **oficejo**; **policejo**, "police station"; **parkejo**, "parking lot."

-eg- denotes greatness: **pordego**, "large door"; **amegas**. "loves very much."

-aĵ- denotes a product or result: **konstruaĵo**, "a construction."

Correlatives

These are the **kiu-kia-kial-kiam** words that Fred said he had not quite mastered. They are more easily mastered than the English "who-what-why-when" words because they form an exactly regular matrix.

io "something"; **kio?** "what?"; **tio** "that"; **ĉio** "everything"; **nenio** "nothing"

iu "someone"; **kiu?** "who?"; **tiu** "that one"; **ĉiu** "everyone"; **neniu** "no one"

ia "some kind of"; **kia?** "what kind of?"; **tia** "that kind of"; **ĉia** "every kind of"; **nenia** "no kind of"

ies "someone's"; **kies?** "whose?"; **ties** "that one's"; **ĉies** "everyone's"; **nenies** "no one's"

ie "somewhere"; **kie?** "where?"; **tie** "there"; **ĉie** "everywhere"; **nenie** "nowhere"

iam "sometime"; **kiam?** "when?"; **tiam** "then"; **ĉiam** "always"; **neniam** "never"

iom "some amount"; **kiom?** "how much?"; **tiom** "that much"; **ĉiom** "all"; **neniom** "none"

iel "somehow"; **kiel?** "how?"; **tiel** "thus"; **ĉiel** "every way"; **neniel** "nohow"

ial "for some reason"; **kial?** "why?"; **tial** "for that reason"; **ĉial** "for every reason"; **nenial** "for no reason"

The first two sets (ending **io, iu**) are pronouns; so they can be plural or the objects of verbs (**ion, kiujn** and so on).

Some slight differences from English
Some dependent clauses are introduced by a comma, as in other European languages, where in English they would not be: "They don't know where she comes from," **Ili ne scias, de kie ŝi devenas**.

English *his, them*, etc. can be ambiguous if more than one person has been mentioned. So, for "He had his key," Esperanto says **Li havis lian klavon** if the key belonged to another person mentioned, but **Li havis sian klavon**, using the "self" form, if it was his own key. A more emphatic "own" can be expressed with **propra**: **Li havis propran aŭton**, "He had his own car."

La sola escepto?
We say **Mi parolas la anglan**, "I speak English"; but **Mi parolas Esperanton**, "I speak Esperanto." Is the language's own name an exception to its rules? No. The first is short for **la anglan lingvon**, "the language of England or of the English people." There is no Esperanto region or ethnic group. Zamenhof originally referred to his invention as **la internacia lingvo**, but it's not the only invented international language. So the custom arose of using his pseudonym as the name for his language. There are other languages for which you can use either the adjectival form or the noun: **la latina [lingvo]** or **Latino**

An example of an ambiguity almost unavoidable in English but avoided in Erperanto:
"I hope for some more delightful time with you."
Unintended: **Mi esperas pli ravan tempon kun vi.**
Intended: **Mi esperas pli da rava tempo kun vi.**

A few of the qualities of Esperanto

It has a beautiful flow of sound—but that is a subjective feeling. The rules governing its syllables do more than that.

Words' endings make clear their role in the sentence. This enables flexibility in word order. Because a word ending with **a** is clearly an adjective, it can go before or after its noun. The flexibility is not as thorough as in an inflected language such as Latin, whose poets could arrange words in almost any order. But it is greater than in English, where many a word could be noun or verb or something else, and only position or context holds the clue — as in that well-worn example: "Time flies like an arrow, fruit flies like a banana."

When we contact intelligent life on another planet, it may be using, with whatever speech organs it has, a language as efficient as Esperanto and a writing system as efficient as the Kingsley Read alphabet!

www.ingramcontent.com/pod-product-compliance
Lightning Source LLC
Chambersburg PA
CBHW060153311025
34789CB00040B/3647